Bibliographic information published by the German National Library:

The German National Library lists this publication in the National Bibliography; detailed bibliographic data are available on the Internet at http://dnb.dnb.de .

Imprint:

Copyright © 2018 GRIN Verlag
Print and binding: Books on Demand GmbH, Norderstedt Germany
ISBN: 9783668660519

José Raúl Pérez Martínez

Para elegir entre microprocesadores, conozca usted las diferencias

GRIN Verlag

GRIN - Your knowledge has value

Since its foundation in 1998, GRIN has specialized in publishing academic texts by students, college teachers and other academics as e-book and printed book. The website www.grin.com is an ideal platform for presenting term papers, final papers, scientific essays, dissertations and specialist books.

Visit us on the internet:

http://www.grin.com/

http://www.facebook.com/grincom

http://www.twitter.com/grin_com

Índice (Index) :

	Imagen No. 1.
PRESENTACIÓN DEL ENSAYO ACADÉMICO	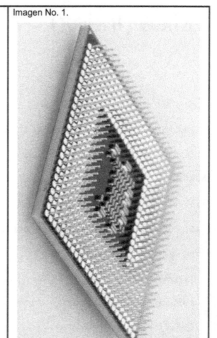
Título: Para elegir entre microprocesadores, conozca usted las diferencias.	
Title: To choose between microprocessors, know the differences.	
	Montaje de dos imágenes de microprocesadores Intel y AMD.
	Fuente: Imágenes bajo licencia Creative Commons 0 (CC0), obtenidas en http://Pixabay.com

Nota del autor: Las Imágenes utilizadas en este ensayo académico se encuentran todas bajo licencia Creative Commons 0 (CC0) y han sido obtenidas en http://Pixabay.com. Las referencias bibliográficas se encuentran acotadas según Normas Vancouver.

Author's note: The images used in this academic essay are all under the Creative Commons 0 license (CC0) and have been obtained at http://Pixabay.com. The bibliographical references are established according to Vancouver Standards.

RESUMEN (en Español – in Spanish):

El presente ensayo académico constituye un bosquejo de los principales elementos que deben ser considerados a la hora de llevar a cabo la adquisición de una determinada tecnología de microprocesador en detrimento de otra, en el análisis se consideran a dos mundialmente reconocidas y prestigiosas empresas productoras de microprocesadores, a saber: Intel y AMD, se abordan aspectos tecnológicos inherentes a las prestaciones y puntos fuertes que aportan estas empresas a través de sus productos, sin perder de vista los precios y la relación costo beneficio, así como la utilización que el usuario hará de esta tecnología en base a las potencialidades de cada arquitectura en particular. Como cada uno de estos colosos de la industria y la tecnología destaca por separado en determinados puntos, estos son abordados aunque sin ánimo de resultar exhaustivos, con la finalidad de ofrecer algunos elementos que faciliten un análisis más objetivo y práctico.

Palabras claves: Microprocesadores, Intel, AMD, micro, microprocesamiento, núcleos, microcomputadoras, arquitectura de microcomputadoras

Abstract (in English – en Inglés):

This academic essay is a sketch of the main elements that should be considered when carrying out the acquisition of a certain microprocessor technology to the detriment of another, in the analysis are considered two world-renowned and prestigious microprocessor-producing companies, namely: Intel and AMD, technological aspects inherent to the benefits and strengths that these companies contribute through their products are addressed, without losing sight of the prices and the cost-benefit ratio, as well as the utilization that the user will make of this technology, based on the potential of each architecture in particular. As each of these giants of industry and technology stands out separately at certain points, these points are addressed but not intended to be exhaustive, in order to offer some elements that facilitate a more objective and practical analysis.

Keywords: Microprocessors, Intel, AMD, micro, microprocessing, cores, microcomputers, microcomputer architecture

INTRODUCCIÓN

Con el desarrollo del género humano ha ido creciendo el arsenal de conocimientos a su disposición, el mismo consiste en un ordenado y articulado conjunto heterogéneo de datos, experiencias y vivencias asimiladas que se convierten en utilísima información.

El crecimiento de la cantidad y calidad de la información acumulada ha traído como consecuencia la necesidad de que exista un ente físico que haga posible el almacenamiento seguro de los datos, así como su procesamiento ordenamiento y recombinación inteligente, lo cual es la génesis del nuevo conocimiento humano.

Con la invención de las computadoras, el hombre dispuso de un recurso lo suficientemente rápido y fiable como para manipular el flujo de información generado por la sociedad moderna.

Los más nuevos medios de cómputo, dotados de una creciente capacidad de cálculo y apoyados en las más novedosas y florecientes tecnologías, tienen en cuenta la necesidad de minimizar las pérdidas de datos, los tiempos fuera de servicio de las aplicaciones críticas, los momentos de espera para el usuario y los cuellos de botella, que constituyen límites para la capacidad resolutiva de los sistemas automatizados, incrementándose así la fiabilidad de estos entornos tanto como sus propias prestaciones.

En el centro de cada sistema automatizado, sea de una computadora de escritorio, una laptop, teléfono celular, Tablet o cualquier otro dispositivo semejante; late su núcleo inteligente; el cerebro que convierte a la maquinaria en un todo: su microprocesador. Las capacidades y prestaciones de este importantísimo componente no han hecho otra cosa que ascender desde el día en que por primera vez viera la luz, cuando emergió de la capacidad creativa del ser humano.

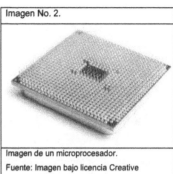

Imagen No. 2.

Imagen de un microprocesador.
Fuente: Imagen bajo licencia Creative Commons 0 (CC0), obtenida en http://Pixabay.com

Según plantean los autores Orenga y Enrique Manonellas en su trabajo titulado *el computador* [1], *"...en las primeras generaciones de computadores los elementos que formaban el procesador eran elementos independientes, fabricados utilizando diferentes chips e interconectados con un bus. A medida que creció la escala de integración, cada vez hubo más unidades funcionales que se fueron integrando utilizando menos chips, hasta la aparición de lo que se denominó microprocesador."*

"El primer microprocesador lo desarrolló Intel en 1971. Se trataba del Intel 4004, un microprocesador de 4 bits que podía dirigir una memoria de 640 bytes y que se había construido utilizando 2.300 transistores." [1]

"La evolución de los microprocesadores pasa por incluir en un solo chip varios núcleos, donde cada núcleo incluye todas las unidades funcionales de un procesador (registros, ALU y unidad de control), lo que da lugar a lo que se conoce como procesador multinúcleo." [1]

"Inicialmente, dentro del microprocesador se disponía de una memoria caché de primer nivel (denominada L1) para cada núcleo, habitualmente dividida en memoria

caché de instrucciones y memoria caché de datos; fuera del microprocesador se disponía de una memoria caché de segundo nivel (L2) unificada (para instrucciones y datos) y compartida por todos los núcleos." [(1)]

Muy diversas son las opciones disponibles en el mercado actual en materia de microprocesadores, concepto que se revisará en el presente trabajo, es muy importante destacar que para elegir uno de estos procesadores debemos comprender su tecnología y sus partes constitutivas, adoptar posturas y tomar decisiones en lo referente a gamas y prestaciones, estableciendo una justa comparación entre componentes equivalentes en lo que respecta a su arquitectura, procedencia y precios.

Para los usuarios independientes tanto como para las empresas es muy importante definir qué microprocesador es el más adecuado puesto que de él dependerá, en gran medida, las velocidades de procesamiento de la información, así como las prestaciones de su equipamiento en general, lo cual redundará en un beneficio directo del usuario final o impactará negativamente de tomarse una mala decisión.

Desde sus inicios, el microprocesador constituyó uno de los elementos sujetos a los procesos de miniaturización e integración de componentes de presencia obligada en los equipos de cómputo. Disímiles son las compañías que se dedican a la construcción de computadoras, pero muy pocas tienen una marca registrada de procesadores, así como una alta solvencia económica y tecnológica capaz de impulsar sus nuevos proyectos con la

Imagen No. 3

Imagen de un microprocesador Intel Core i7. Fuente: Imagen bajo licencia Creative Commons 0 (CC0), obtenida en http://Pixabay.com

fuerza que han mostrado las empresas pioneras Intel y AMD. Intel es una de las compañías que ha logrado su estabilidad en el mercado tecnológico, AMD ha hecho historia en el mercado de los microprocesadores y continúa presentando propuestas muy interesantes, tanto por su desempeño como por sus competitivos precios.

Es de reconocer que en cualquier mercado existirán competidores, en lo que respecta a AMD, esta compañía que ha alcanzado un avance notable en lo que se refiere al posicionamiento de sus microprocesadores en el mercado internacional, al dotar a los mismos de una mayor capacidad para la edición y el procesamiento de imágenes, a esto se debe que, entre nosotros los expertos en estos temas, se les considere a estos micros como "bien conocidos" por su magnífico rendimiento en video juegos.

Imagen No. 4

Imagen de un microprocesador AMD. Fuente: Imagen bajo licencia Creative Commons 0 (CC0), obtenida en http://Pixabay.com

En el siguiente trabajo se hará una comparación de los microprocesadores de Intel y AMD. Se tendrán en cuenta sus diferencias y semejanzas, su constante lucha por ofrecer nuevas variantes que matizan y dan color a la disponibilidad de microprocesadores para los más disímiles usos, tal como se requiere para el desarrollo del mundo actual.

DESARROLLO

Las computadoras son equipos electrónicos que procesan y codifican datos, son utilizadas en casi todas las actividades laborales y de la vida cotidiana, estos equipos están compuestos por partes físicas que se clasifican en: componentes de entrada, salida, almacenamiento, procesamiento y de suministro de energía, el ser humano en su afán de poder lograr una réplica del cerebro humano ha puesto gran empeño en el desarrollo de estos ordenadores, elevando la calidad de cada componente mediante el desarrollo de nuevas tecnologías que logren mayor nivel de autonomía y mayor velocidad de procesamiento.

Uno de los componentes más importantes, que es el responsable de una gran parte de la capacidad de computo del equipo es el microprocesador, el cual ha avanzado durante décadas, solucionando problemas y aumentando su capacidad de trabajo, el microprocesador formo parte de la reducción de tamaño de estos equipos, un procesador de alta calidad y tecnología logra una mejor experiencia en el usuario, conllevando a una mejor calidad de trabajo.

Imagen No. 5

Imagen genérica de un microprocesador. Fuente: Imagen bajo licencia Creative Commons 0 (CC0), obtenida en http://Pixabay.com

Disímiles son las compañías que se dedican a la construcción de computadoras, pero muy pocas tienen una marca registrada de procesadores, y son poseedoras de una alta solvencia, dentro de las pioneras encontramos a Intel una de las compañías que ha logrado su estabilidad en el mercado tecnológico, es de reconocer que como todo competidor en un mercado existen contrincantes, el más respetado y en constante competencia con Intel es AMD, compañía que ha logrado gran avance en sus microprocesadores ya que estos tienen, por regla general, una mayor capacidad para el procesamiento y edición de imágenes.

Qué es un microprocesador: Esto es algo que debemos comprender, antes de comenzar a realizar comparaciones.

El microprocesador es en principio un componente electrónico, más específicamente decimos que es un circuito integrado, es decir, es un pieza electrónica que contiene miles o millones de transistores a la vez. El microprocesador o simplemente micro es la parte de una computadora diseñado para desarrollar la importante tarea de ejecutar los programas, por esto se afirma, que es el cerebro y el corazón de una máquina o computadora. [2]

Es bueno destacar la estructura por la que están compuestos estos microprocesadores para un mejor entendimiento de su función: En primer orden encontramos la ALU. ("Aritmetic - LogicUnit") que traducido es unidad aritmética y lógica. Esta se encarga de realizar todas aquellas operaciones necesarias como cálculos de operaciones y comparaciones entre valores. [3]

Debemos conocer que también se cuenta con los Registros que no son más que zonas de memoria especiales para almacenar información temporalmente. Una parte fundamental es la Unidad de Control (U.C) esta se encarga de organizar y manejar todos los procesos tales como interpretar contenidos de las posiciones de la memoria RAM y memoria ROM, control de puertos, acceso a unidades de disco, ejecución de las instrucciones del software, entre otras. [4]

Mientras tanto los Buses internos, (canales o venas electrónicas que transportan información digital dentro del chip), apoyan a la velocidad y son parámetros evaluados actualmente por los informáticos o cualquier usuario que quiera determinar una característica de rapidez del micro. Por su parte la caché interna es una forma de memoria ultrarrápida que ayuda al micro en operaciones con datos que maneja constantemente y, para finalizar, el encapsulado es el recubrimiento del chip para darle consistencia e impedir su deterioro. Esta envoltura puede ser de cerámica o plástico. [4]

Una de las polémicas más grande que existe a la hora de comprar una PC (Personal computer o computadora personal) es el tipo de procesador que utilizará, donde se evalúan características como núcleos físicos, hilos de procesamiento, cache, frecuencia base, frecuencia turbo, tecnología de procesamiento y precio.

Intel y AMD: Para comprender mejor de donde sale cada uno de estos microprocesadores es de interés conocer a estas dos compañías desde su inicio.

Intel: La compañía NM Electronics, que tan solo unos pocos meses después se renombraría con la denominación definitiva de Integrated Electornics (Intel), nació un 18 de julio de 1968 en la localidad de Mountain View (Condado de Santa Clara, California).[5]

La empresa fue fundada por Gordon E. Moore (nacido en 1929) y Robert Noyce (1927-1990), los cuales abandonaron la compañía Fairchild Semiconductor para crear su propia empresa. Los propietarios quisieron denominar la empresa como "Moore &Noyce", aunque dicha combinación sonaba bastante mal al asemejarse fonéticamente a las palabras "more noise" (más ruido), una expresión que en electrónica se asocia a la presencia de interferencias. Aunque al cabo de poco tiempo adoptaron el nombre de Integrated Electronics utilizando habitualmente el acrónimo Intel, aunque la casualidad hizo que dicho nombre ya estuviera registrado por una cadena hotelera, no quedándoles más remedio que adquirir tal designación. [5]

Inicialmente la compañía se dedicó a la fabricación de dispositivos de memoria para computadoras, siendo su primer producto 3101 Schottky TTL bipolar que funcionaba dos veces más rápido que cualquier producto de la competencia. [5]

El 15 de Noviembre de 1971 lanzaron su primer microprocesador: el Intel 4004, para facilitar el diseño de una calculadora. En lugar de tener que diseñar varios circuitos integrados para cada parte de la calculadora, diseñaron uno que según un programa almacenado en memoria podía hacer unas acciones u otras, es decir, un microprocesador. [5]

AMD: Advanced Micro Devices se fundó el 1 de mayo de 1969 Jerry Sanders y siete amigos fundaron AMD en la salita de estar de uno de los cofundadores. Ya al final del quinto año AMD tenía más de 1500 empleados y comercializaba más de 200 productos. En 1975 AMD lanzó al mercado su primer chip de RAM conocido como

Am9102. Ese mismo año también desarrolló, gracias a la ingeniería inversa, el primer procesador de AMD compatible con el 8080A. [6]

El primer micro realizado por AMD parecer tratarse de una reproducción más o menos similar del micro Intel, como anteriormente vimos AMD desde sus comienzos toma la tecnología Intel como la base para la creación de sus microprocesadores, desde entonces AMD se encuentra en una constante batalla por superar a su competidor más cercano, AMD ha encontrado la necesidad grafica como su principal fuente de ingreso introduciendo un alto equivalente de procesamiento de gráficos a sus microprocesadores, todo esto conlleva a que los micros Intel tengan una temperatura menor a la de los AMD, no obstante las últimas generaciones de Intel han elevado este parámetro por la incorporación de nuevas tecnologías y estructuras de los micros. Como datos importantes y afirmativos del anterior planteamiento sobre AMD podemos exponer que:

1. El 24 de julio de 2006, AMD compró la compañía de procesadores gráficos ATI por un total de 5400 millones de dólares.[6]
2. El 25 de octubre del mismo año AMD completa la adquisición de ATI con lo que se consolida como la única empresa que desarrolla microprocesadores, chipsets, gpu y chip gráficos para celulares y consolas en el mundo. [6]

Es de suma importancia conocer e identificar los procesadores según el trabajo que se le va a asignar a la PC ya que no es lo mismo el trabajo con documentos, que la edición de videos e imágenes, estos componentes al igual que otros pueden identificarse por las letras y números que componen su modelo por ejemplo en los procesadores Intel que utilizan letras para versiones estándar como la letra U para procesadores de consumo ultrabajo, utilizados en equipos portátiles. También se identifican las letras T o S para PC, indicando un menor consumo a cambio de reducir frecuencias de trabajo y las letra K o X que indica que el procesador viene con el multiplicador desbloqueado. [7]

Cada compañía tiene definida sus tecnologías para los equipos, Intel como pionera del ámbito expone estas en su página Web identificando aquellas más importantes que debe conocer el usuario entre las que podemos encontrar la Tecnología Intel® Turbo Boost, la tecnología de virtualización (VT-x), tecnología Trusted Execution, entre otras, sobre estas tecnologías se encontrará información valiosa en: https://www.intel.la/content/www/xl/es/support/articles/000006513/processors.html. [7]

La arquitectura y el proceso de fabricación: Estos elementos nos darán una imagen del microprocesador que necesitamos para ejercer nuestro trabajo con agilidad y claridad. Como estamos hablando de dos marcas bien conocidas del mercado electrónico es importante conocer en la actualidad los procesadores existentes para PC basados en lo anterior y así determinar lo que necesitamos. Estos se dividen de la siguiente forma: [7]

- Intel Skylake: basada en proceso de 14 nm y se utiliza en las gamas Celeron, Pentium, Core i3, Core i5 y Core i7. [7]
- Intel Kaby Lake: basada en proceso de 14 nm y se utiliza en las gamas Celeron, Pentium, Core i3, Core i5 y Core i7. [7]
- Intel Broadwell-E: basada en proceso de 14 nm y utilizada en la gama Core i7 Extreme. Un escalón por detrás de la gama Skylake en rendimiento bruto (IPC) pero tienen un gran conteo de núcleos-hilos (hasta 10-20). [7]
- Intel Skylake-X: basada en proceso de 14 nm y utilizada en los nuevos Core i7 Extreme y Core i9 Extreme. Elevan rendimiento bruto y núcleos-hilos (hasta 18-36). [7]
- Intel Kaby Lake-X: está basada también en proceso de 14 nm y se utiliza en procesadores Core i7 y Core i5. Utilizan el mismo socket y chipset que los anteriores, pero quedan muy por debajo de aquellos tanto en número de núcleos como de características avanzadas (no soportan memoria en cuádruple canal, por ejemplo). [7]
- Bulldozer: basada en proceso de 32 nm y se utiliza en las gamas Athlon, FX y en sus diferentes APUs que incluyen además un núcleo gráfico. En este

grupo incluimos todos los derivados de la arquitectura Bulldozer, como Steamroller y Excavator.[7]

- ZEN: está basada en el proceso de 14 nm y se utiliza en los nuevos procesadores RYZEN, RYZEN Pro y en los futuros ThreadRipper, que serán rivales directos de Skylake-X y contarán con hasta 16 núcleos y 32 hilos. [7]

Es bueno para decidirnos por un procesador, tener presente la equivalencia de los procesadores de cada compañía ya que al igual que el boxeo, cada competidor debe ser del mismo peso, en la tecnología debe ser de la misma gama ya que estás tienen su paralelo. Se ha de realizar un análisis correcto y en igualdad de condiciones y para esto debemos conocer la siguiente información que empareja la pelea de estos dos grandes de la informática.

Por ejemplo el Core 2 Duo y Ahtlon 64 X2 son procesadores bastante antiguos. Su rendimiento en los modelos superiores, como los E8400, se asemejaría al de los Core i3 530, pero éstos pueden manejar cuatro hilos gracias a la tecnología HyperThreading y aquellos quedan limitados a dos. [7]

¿Qué es la tecnología HyperThreading?

Se puede decir que la tecnología Hyper Threading, es un avance notable en los micros Intel ya que posibilita una utilización de los recursos más eficaz, garantizando que se ejecute múltiples procesos en cada núcleo, esto conlleva a que se pueda ejecutar aplicaciones exigentes al mismo tiempo y mantener la capacidad de respuesta del sistema manteniendo la protección, eficiencia y facilidad de administración al tiempo que se reduce a un mínimo el impacto en la productividad para así disponer de un margen de ampliación con respecto al futuro crecimiento de la empresa.[8]

Imagen No. 6

Imagen genérica de un circuito impreso o placa lógica. Fuente: Imagen bajo licencia Creative Commons 0 (CC0), obtenida en http://Pixabay.com

Retomando el tema de la equivalencia tenemos también como competidores los Intel Core de primera generación que se identifican porque su numeración está formada por sólo tres números, hasta los Core i5 inclusive pueden hacer una equivalencia con los Core 2 Quad Q9450 y superiores y los Phenom II X4 de AMD, mientras que en el caso de los Core i7 860 y superiores se sitúan un peldaño por encima de aquellos ya que pueden manejar ocho hilos gracias al HyperThreading donde entran en este escalón los FX series 8100, 6100 y 4100 de primera generación basados en Bulldozer, así como los Phenom II X6 de AMD. [7]

Ya más avanzados encontramos los procesadores de 2da generación, en los Intel Core que se identifican con la numeración 2000, marcando un salto importante y con equivalencia a su par FX de Segunda generación basada en Piledriver, es de tener en cuenta que una tercera generación no supuso cambios importantes ya que sostienen la misma arquitectura. (7)

Imagen No. 7

Imagen genérica que hace alusión al incremento en el desempeño. Fuente: Imagen bajo licencia Creative Commons 0 (CC0), obtenida en http://Pixabay.com

Sí supone la cuarta generación un salto a nivel de rendimiento, según expertos, que si bien no ha sido tan acusado como el que marcó Sandy Bridge, aquí una equivalencia entre Intel y AMD está dada por el FX 8350 y Core i5 4460 aunque este último tiene mejor rendimiento en aplicaciones con más de 4 núcleos a utilizar.(7)

Por último dentro de Intel, la gama de los Core i7 Extreme son procesadores que tienen entre seis y dieciocho núcleos. Valen para hacer cualquier cosa, pero tienen un precio muy alto y sólo los aprovecharemos realmente si vamos a utilizar aplicaciones profesionales que dependan de una alta capacidad multihilos. También soportan memorias en cuádruple canal y disponen de más líneas PCIE. (7)

Imagen No. 8

Imagen de un Microprocesador Intel. Fuente: Imagen bajo licencia Creative Commons 0 (CC0), obtenida en http://Pixabay.com

Ya posterior como una buena opción y mejora de la tecnología AM3+ encontramos a FX 6300, un peldaño por encima de los anteriores, ya que cuentan con seis núcleos y también tienen frecuencias de trabajo muy elevadas. Sobresale ya como superior y un poco de más coste el FX 8300 por ser una gama media junto con los FX 9000, aunque éstos últimos no son recomendables por su altísimo TDP. Tienen ocho núcleos y unas frecuencias de trabajo que superan los 4 GHz, lo que los mantiene como una solución muy versátil. (7)

Como toda compañía que constan con un producto insignia encontramos en AMD los RYZEN que son los actuales topes de gama de AMD y máximos competidores contra las últimas generaciones de Intel, así como el salto de tecnología necesario para competir en el mercado internacional, estos utilizan una nueva arquitectura, fabricados en proceso de 14 nm y cuentan con versiones que van desde los cuatro núcleos y cuatro hilos hasta los ocho núcleos y dieciséis hilos. Ofrecen un excelente nivel de rendimiento en cualquier entorno y tienen un precio muy atractivo. (7)

Ya en el extremo de la lista de posibles suplantadores encontramos los RYZEN Pro, versiones profesionales de los anteriores que mantienen todas las claves de aquellos a nivel de rendimiento, pero tienen mejoras a nivel de seguridad integrada por hardware al igual que los ThreadRipper: que elevan el máximo de núcleos-hilos a 16 y 32, soportan configuraciones de memoria en cuádruple canal y ofrecen una mayor cantidad de líneas PCIE. Para usuarios avanzados que trabajen con programas y aplicaciones muy pesados, o que quieran poder jugar y trabajar. (7)

CONCLUSIONES

Después de un largo bosquejo de los principales conocimientos a tener en cuenta para determinar qué microprocesador es mejor entre los Intel y los AMD, llegamos a la conclusión de que lo primero que debemos determinar es la tarea que va a realizar el usuario que incurrirá en la adquisición de la tecnología, este ha de contemplar y evaluar la variedad de microprocesadores existentes, realizando tests o pruebas (estudios realizados por expertos en las compañías de Testers, o probadores) o buscando información verídica en la red, debemos tener en cuenta que para tareas grafica el procesador AMD pudiera brindar una mejor experiencia a un más bajo coste. Por su parte Intel se destaca en las tareas de un solo hilo de ejecución. Tenemos también que considerar el precio del componente, factor el cual influye e interesa en materia de comparación. Otros elementos deben tenerse en cuenta, tales como: qué prestaciones nos brinda el micro, dónde es fabricado el mismo, los materiales de fabricación empleados, así como estudiar su disponibilidad actual en el mercado, y una vez que se obtengan todos estos datos, llevar a cabo la toma oportuna de decisiones. Es bueno especificar que algunas empresas pequeñas pudieran optar por la adquisición de micros Intel, pero ya en las emisoras de televisión, empresas de poster y aquellas otras entidades que se dediquen a la edición de video e imagen, lo más correcto sería la tecnología AMD, no obstante AMD sería una buena solución para una amplia variedad de empresas e instituciones por su bajo coste y relativa similitud en el rendimiento.

Nota del autor: Las Imágenes utilizadas en este ensayo académico se encuentran todas bajo licencia Creative Commons 0 (CC0) y han sido obtenidas en http://Pixabay.com. Las referencias bibliográficas se encuentran acotadas según Normas Vancouver.

CONCLUSIONS

After a long outline of the main knowledge to take into account to determine which microprocessor is better between Intel and AMD, we conclude that the first thing we must determine is the task that will be performed by the user who will incur the acquisition of technology, this has to contemplate and evaluate the variety of existing microprocessors, performing tests (studies conducted by experts or beta-testers) or looking for truthful information on the network, we must take into account that for tasks graphical AMD processor could provide a better experience at a lower cost. For its part Intel stands out in the tasks of a single thread of execution. We also have to consider the price of the component, a factor which influences and interests in terms of comparison. Other elements must be taken into account, such as: what benefits the micro provides us, where is it manufactured, the manufacturing materials used, as well as studying its current availability in the market, and once all these data are obtained, carry out the timely decision making. It is good to specify that some small companies could opt for the acquisition of Intel microphones, but already in television stations, poster companies and those other entities that are dedicated to video and image editing, the most correct would be AMD technology, however, AMD would be a good solution for a wide variety of companies and institutions due to its low cost and relative similarity in performance.

Author's note: The images used in this academic essay are all under the Creative Commons 0 license (CC0) and have been obtained at http://Pixabay.com. The bibliographical references are established according to Vancouver Standards.

REFERENCIAS BIBLIOGRÁFICAS.

1. Orenga MA, Enrique Manonellas G. El computador [Internet]. Estructura de computadores. [citado 2 de marzo de 2018]. Disponible en: http://cv.uoc.edu/annotation/133e0dfed866a1eb553ac10347c5d46b/619469/PI D_00218274/PID_00218274.html#w30aab5c15c21

2. Significados.com. Significado de Microprocesador [Internet]. Significados. [citado 28 de enero de 2018]. Disponible en: https://www.significados.com/microprocesador/

3. Rouse M. arithmetic-logic unit (ALU) [Internet]. WhatIs.com. 2005 [citado 1 de febrero de 2018]. Disponible en: http://whatis.techtarget.com/definition/arithmetic-logic-unit-ALU

4. Pcvirtualya. PROCESADOR [Internet]. Politécnico Colombiano Jaime Isaza Cadavid. 2014 [citado 8 de febrero de 2018]. Disponible en: https://pcvirtualya.wordpress.com/2014/08/23/procesador/

5. Rosaspage. Historia de Intel [Internet]. Rosaspage.com. [citado 1 de febrero de 2018]. Disponible en: http://www.rosaspage.com/art/historia_intel.html

6. Waly97. Evolución de los Procesadores en la Historia [Internet]. Historia de los Procesdores. 2015 [citado 1 de febrero de 2018]. Disponible en: https://geivinvalle.wordpress.com/author/waly97/

7. Ros I. Guía de procesadores Intel y AMD; modelos, gamas y equivalencias [Internet]. MuyComputer. 2017 [citado 1 de febrero de 2018]. Disponible en: https://www.muycomputer.com/2017/07/02/guia-procesadores-intel-amd/

8. Intel Corporation. Obtenga un desempeño más rápido para muchas aplicaciones empresariales exigentes [Internet]. Intel. Tecnología Hyper-Threading Intel®. [citado 29 de enero de 2018]. Disponible en:

https://www.intel.la/content/www/xl/es/architecture-and-technology/hyper-threading/hyper-threading-technology.html